Roswitha Schweizer
Sigrun Eder
Heike Georgi

BAND 28
SOWAS!

FAMILIE LAUS ZIEHT AUS

Das fröhlich illustrierte Vorlese- und Mitmachbuch zum Thema Kopfläuse

edition riedenburg

Bibliografische Information der Deutschen Nationalbibliothek
Die Deutsche Nationalbibliothek verzeichnet diese Publikation in der Deutschen Nationalbibliografie; detaillierte bibliografische Daten sind im Internet über http://dnb.d-nb.de abrufbar.

Besonderer Hinweis

Das Werk einschließlich aller seiner Teile ist urheberrechtlich geschützt. Jede Verwertung außerhalb der Bestimmungen des Urheberrechtsgesetzes ist ohne schriftliche Zustimmung des Verlags unzulässig und strafbar. Dies gilt insbesondere für Vervielfältigungen, Übersetzungen, Mikroverfilmungen und die Einspeicherung und Verarbeitung in elektronischen Systemen.

Das vorliegende Buch wurde sorgfältig erarbeitet. Dennoch erfolgen alle Angaben ohne Gewähr. Weder Autoren noch Verlag können für eventuelle Nachteile oder Schäden, die aus den im Buch vorliegenden Informationen resultieren, eine Haftung übernehmen. Eine Haftung der Autoren bzw. des Verlags und seiner Beauftragten für Personen-, Sach- und Vermögensschäden ist ebenfalls ausgeschlossen. Befragen Sie im Zweifelsfall bitte Ärzt*innen, Psycholog*innen oder Psychotherapeut*innen.

Das Buch ist in einer verlagskonform geschlechtsneutralen Schreibweise verfasst.

Markenschutz

Dieses Buch enthält eingetragene Warenzeichen, Handelsnamen und Gebrauchsmarken. Wenn diese nicht als solche gekennzeichnet sein sollten, so gelten trotzdem die entsprechenden Bestimmungen.

1. Auflage	Dezember 2022
© 2022	edition riedenburg
Verlagsanschrift	Adolf-Bekk-Straße 13, 5020 Salzburg, Österreich
Internet	www.editionriedenburg.at
E-Mail	verlag@editionriedenburg.at
Lektorat	Dr. Heike Wolter, Regensburg
Fachlektorat	Dr. Anna Maria Cavini, Kinder- und Jugendfachärztin, Klagenfurt
Satz und Layout	edition riedenburg
Herstellung	Books on Demand GmbH

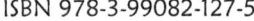

ISBN 978-3-99082-127-5

Hallo Mensch!

Interessierst du dich für sehr kleine Dinge und möchtest du mehr über das wissen, was man mit bloßem Auge nicht so gut erkennen kann? Dann bist du in unserer Läusewelt genau richtig. Dieses Buch ist nämlich für neugierige Forscherinnen und Forscher. Und welches Insekt könnte man besser unter die Lupe nehmen als uns Läuse?

Vielleicht juckt es dich bereits am Kopf, wenn du nur das Wort „Laus" hörst. Das ist ganz normal. Denn wenn du an etwas denkst, das dich jucken könnte, juckt es dich meistens auch in echt. Uns geht es ähnlich. Sogar uns juckt es manchmal, wenn wir an eine Laus denken (das war ein Scherz).

Kommen wir rasch zum Punkt: Dieses Buch ist für alle Kinder, die wissen möchten, wie so klitzekleine Tiere wie wir überhaupt existieren, überleben und sich erfolgreich fortpflanzen können. Es ist außerdem für jene Kinder gemacht, die gerade ein Kopflaus-Problem haben und es zuverlässig in den Griff bekommen möchten. Denn, das müssen wir leider zugestehen: Läuse am Kopf zu haben ist super unangenehm für euch kleine und große Menschen. Und es kann wirklich jede und jeden treffen! Deshalb will ein Kopflaus-Problem zügig angepackt und gezielt gelöst werden. Sogar dann, wenn unsere ganze Familie aus dem wundervollen KUSCHEL-WUSCHEL-MAMPF ausziehen muss.

Im Anschluss an die Bildergeschichte bist du dran: Im Mitmach-Teil darfst du direkt ins Buch reinschreiben und sogar das lustige Spiel „Laus-Alarm" ausschneiden, basteln, anmalen und spielen. Werde selbst zu einer Laus und sammle uns in allen Stadien: Als Ei, als Nisse und als fertige Laus.

Wetten, dass du durch dieses Buch ein echter Läuse-Profi wirst? Los geht's! Juckt's dich schon? Dann wird es Zeit, direkt anzufangen zu lesen.

Deine Laus Laurenzia

Das ist Laurenzia, die kleine freche Laus. Sie lebt in einem Urwald mit riesengroßen Stangen und herrlich dunklen Versteck-Ecken. Du fragst dich, wo dieser Urwald ist? Sei gespannt! Bald wirst du es erfahren.

„Heute klettere ich wieder ganz wild herum!", freut sich das sportliche Krabbeltier. „Auf die Plätze, fertig, los!", feuert sie sich selbst an und hangelt sich an ihrer biegbaren Lieblingsstange hinter dem Ohr empor.

Und dann ist Laurenzia schon auf und davon. Mit ihren sechs Klammerbeinen kann sie sich ziemlich flink fortbewegen.

Laurenzia ist übrigens klein, sogar sehr klein. Ungefähr so winzig klein wie ein Reiskorn.

Laurenzia lebt an einem ganz besonderen Ort. Dort kann sie sich, wie du bereits weißt, prima verstecken und hat es kuschelig warm.

Im Winter ist es sogar besonders warm. Dann tragen die Besitzer der riesengroßen Stangen puschelige Mützen-Dinger, die für Laurenzia und ihre Freunde wie Flugzeugträger funktionieren. Wie herrlich es sich mit diesen Teilen verreisen lässt!

Doch das Beste an Laurenzias Wohnort ist, dass es immer leckeres Essen gibt, das nie aus ist. Die hungrige Laus kann sich zu jeder Uhrzeit selbst bedienen und so viel Nahrung zu sich nehmen, wie sie will.

„Heute war ein sehr ergiebiger Tag", fällt Laurenzia pappsatt in ihr Stangenstroh. Sie macht die Augen zu und fängt an, genüsslich zu verdauen.

Ach ja, du wolltest ja wissen, wo Laurenzia wohnt. Dieser ganz besondere Ort wird von den Läusen gerne „KUSCHEL-WUSCHEL-MAMPF" genannt.

Weißt du schon, wo das ist?

Genau! Auf den Köpfen der Menschen, wo Laurenzia und die anderen Läuse leben. Sobald Laurenzias Magen grummelt, kann sie sofort etwas dagegen tun.

„Rein damit!", flüstert die Laus und ritzt mit ihrem mikroskopisch kleinen, dolchartigen Rüssel konzentriert die Kopfhaut auf. „Geschafft!", freut sie sich und streicht sich den Schweiß von der Stirn. Endlich darf sie das wohlverdiente Blut schlürfen.

„Mahlzeit!", rülpst sie lautstark und winkt ihren Lausfreunden lachend zu.

Laurenzia verfügt über einen gesunden Appetit. Täglich braucht sie mehrere Mahlzeiten, um richtig satt zu werden.

Auch wenn sich Laurenzia und ihre Artgenossen wahnsinnig auf ihre herzhafte Nahrung freuen, sind die Menschen keineswegs davon begeistert. Denn immer dann, wenn freche Läuse ein bisschen Blut geschlürft haben, juckt es uns Menschen am Kopf.

„Köstlich! Das schmeckt lausig gut!", ruft Laurenzia hocherfreut. Ihre Geschwister Lara, Lanzelot und Lausemann sind ebenfalls hungrig und ritzen entschlossen in die warme Kopfhaut. Auch sie leben hier, denn eine Laus kommt selten allein.

„Erster!", schmatzt Lanzelot erfreut und wischt sich satt und zufrieden seinen Mund ab.

„Ich schlürf noch ein bisschen", nuschelt Lara.

„Wollen wir auch nochmal?", schaut Laurenzia Lausemann fragend an.

„Klar! Es gibt doch nichts Besseres als ein Schlückchen Blut!", schmunzelt der große Bruder und spitzt seinen Rüssel.

Nach der Mahlzeit beginnt das große Herumwuseln. Gemeinsam krabbeln die Läuse geschwind um die Wette und verstecken sich vor den neugierigen Blicken der Erwachsenen.

„Lasst euch bloß nicht erwischen!", erinnert Laurenzia alle mit strengem Blick.

Während die satten Läuse viel Spaß auf dem Kopf haben, spielen sich woanders ganz andere Szenen ab.

Weiter unten, sozusagen. Denn wir Menschen beschäftigen uns ja nur selten mit unseren Haaren auf dem Kopf. Außer, wenn wir sie vielleicht gerade kämmen, waschen oder flechten. Oder wenn – tja, wenn Laurenzia und die anderen auf dem Kopf wohnen.

Weiter unten ist zum Beispiel Florian. In seiner Freizeit geht er gerne zum Spieletreff. Dort hat er viele Freunde: Marie, Erik und Karla.

„Wollen wir heute Kinderwagen verkaufen spielen?", fragt Karla ihre Freunde. „Oder doch lieber eine Runde Fußball?", möchte Erik wissen.

„Kommt mal mit", sagt Florian und kratzt sich dabei am Kopf. „Ich habe eine viel bessere Idee!"

Gemeinsam gehen sie in den großen Garten. Dort, unter dem alten Apfelbaum, hat Florian einen Igel entdeckt. Und den möchte er seinen Freunden gerne zeigen.

Meistens hat Florian im Spieletreff Spaß. Und auf den Igel hatte er sich ganz besonders gefreut. Wer findet schon so ein interessantes Tier, mit ganz vielen Stacheln und niedlicher Stupsnase?

Doch seit ein paar Tagen beschäftigt Florian eine ziemlich lästige Sache: Sein Kopf juckt ihn. Und zwar ganz arg. Ständig muss sich Florian kratzen: Am Nacken und hinter den Ohren ist es richtig schlimm. Das Jucken stört Florian nicht nur beim Spielen, sondern auch sonst fast immer.

„Wann hört das endlich auf?", fragt Florian verzweifelt und versucht, das widerliche Jucken durch noch mehr Kratzen zu stoppen.

„Florian, was ist denn los? Warum kratzt du dich ständig am Kopf?", möchte Marie wissen.

„Es juckt mich. Ich halte das fast nicht mehr aus!", klagt er.

Marie blickt Florian mitfühlend an. „Hm", überlegt sie. Doch leider weiß sie keinen Rat, wie Florian das Jucken wieder wegbekommt.

Während Florian da unten leidet, haben es sich weiter oben Laurenzia und ihre Geschwister Lara, Lanzelot und Lausemann auf Florians Kopf so richtig gemütlich gemacht. „Ach, wie fein haben wir es hier im KUSCHEL-WUSCHEL-MAMPF!", ist Laurenzia zufrieden und tätschelt satt ihren vollen Bauch.

„Ja wirklich, ganz wunderbar", freut sich auch Lara, „selten habe ich eine so gepflegte, zarte Kopfhaut vorgefunden, wie diese hier."

„Stimmt!", schaltet sich Lanzelot in das Gespräch ein. „Es ritzt sich bei diesem Kind namens Florian butterweich in die Blutbahn."

„Erinnere mich nicht daran", runzelt Lausemann die Stirn, „sonst bekomme ich gleich wieder Hunger."

„Mach mal Pause, Lausemann", ermahnt Laurenzia ihren großen Bruder. „Du fällst sonst noch von der Stange."

„Na gut, wie du meinst", meckert Lausemann, der eigentlich schon wieder hungrig ist.

Genau hier, im KUSCHEL-WUSCHEL-MAMPF, können sich Laurenzia und die anderen Läuse vom Blutschlürfen erholen. Außerdem ist der KUSCHEL-WUSCHEL-MAMPF ein prima Versteck.

Das Blutschürfen ist natürlich nicht die einzige Beschäftigung für Kopfläuse. Denn nur durch Essen und Trinken gibt es ja noch keinen Nachwuchs. Da ist also noch eine andere, sehr wichtige Geschichte: Die Nachzucht der Babyläuse!

Wer hätte gedacht, dass sich auch minikleine Lebewesen paaren können und das tatsächlich funktioniert? Es klappt so, wie es sich die Natur ausgedacht hat: Ein Laus-Männchen befruchtet ein Laus-Weibchen genau einmal, und wenige Tage später geht die Eierproduktion automatisch los.

Bereits drei Tage nach dem Läuse-Machen mit Laurenz kann Laurenzia daher ihre ersten vier sandkorngroßen Eier auf Florians Haaren ablegen. Das macht sie stolz. Nun ist sie eine reife Laus, die eine große Laus-Kolonie gründen kann.

„Holladrio, was bin ich froh, bald wird sich im KUSCHEL-WUSCHEL-MAMPF so einiges tummeln!", frohlockt Laurenzia durch den Haardschungel.

Und sie legt und legt und legt täglich ihre Eier.

„Eins, zwei, drei, vier, alle meine Kinder hier", zählt Laurenzia auch heute mit, um ja kein Ei zu vergessen.

Die kleine Laus ist erst zufrieden, als das vierte Ei vollständig mit Flüssigkleber ausgestattet aus ihr herausflutscht. Mit diesem Spezialkleber sorgt Laurenzia dafür, dass ihre mikroskopisch kleinen Eier auch dann richtig gut an Florians Haaren haften bleiben, wenn Florian herumtollt, sich die Haare wäscht oder sie kämmt.

Zu den Laus-Eiern sagen die Erwachsenen übrigens „Nissen". Das klingt wie „Niesen", hat damit aber nichts zu tun.

Am liebsten klebt Laurenzia ihre Nissen auf die Haare hinter Florians Ohren. Auch an den flaumigen Nackenhaaren oder den zarten Haaren neben der Stirn haften die Eierchen besonders gut.

Wichtig ist, dass die wertvollen Nissen schön warm und feucht bleiben. Damit sich die Lausbabys in ihnen gut entwickeln können, brauchen sie außerdem Atemluft. Diese bekommen sie über klitzekleine, für uns unsichtbare Löcher im harten Ei-Panzer.

Laurenzia lebt, wie du bereits weißt, nun schon seit mehreren Tagen auf Florians Kopf. Und heute ist es wieder einmal so weit: Die Geburt steht unmittelbar bevor!

„Juchu!", jubelt sie. „Heute schlüpfen endlich meine putzigen Babys! So wie auch schon gestern, vorgestern, vorvorgestern und vorvorvorgestern."

Und wirklich – KNICKS, KNACKS, KNUCKS – geht's schon wieder los! Die Eier brechen der Reihe nach auf und heraus kringeln sich Laurenzias miniklone Lausbabys. Die Erwachsenen sagen zu Lausbabys übrigens „Larven".

„Na, ihr Kleinen, gut geschlüpft?", begrüßt Laurenzia ihre Brut.

„Wähhh, wähhh, wähhh", hört man ganz leise, und schon beginnen Laurenzias Babys, in Richtung Kopfhaut zu krabbeln.

„Hungerchen?", erfasst Laurenzia die Situation sofort und ihre Lausbabys nicken. „Ich zeige euch, wie man das macht." Gesagt, getan spitzt sie ihren Rüssel und ritzt schon mal vor. „So, und wenn ihr Fragen habt, dann schaut euch das von den gestrigen und vorgestrigen und vorvorgestrigen Babys ab", ermuntert Laurenzia die neuen Babys.

Und Florian, was ist mit dem?

Der kratzt sich weiterhin am Kopf. Das Jucken will einfach nicht besser werden. Schon gar nicht jetzt, wo schon wieder eine neue Gruppe hungriger Lausbabys geschlüpft ist. Immer wieder ritzt Laurenzia mit ihrem spitzen Rüssel in Florians Kopfhaut, um die Kleinen leichter saugen zu lassen. Es sind so viele hungrige Rüsselmäuler da, dass man sie gar nicht mehr zählen kann.

„Hunger, Hunger, Hunger!", quäken die Babys fortwährend, und Laurenzia ist wirklich schwer damit beschäftigt, alle satt zu bekommen.

Sogar der Pädagogin Denise fällt auf, dass hier etwas nicht stimmt.

„Florian, komm bitte mal zu mir", sagt sie. Florian trottet zu ihr hin – und kratzt sich dabei am Kopf, denn es juckt ihn wieder einmal ganz furchtbar hinter dem Ohr.

Denise setzt sich ihre Lesebrille auf. Dann betrachtet sie die Haare von Florian ganz genau. Dabei entdeckt sie die neuen Eier von Laurenzia, die sich ganz nah an Florians Kopfhaut befinden.

„Hab ich's mir doch gedacht", murmelt Denise.

„Was habe ich bloß in den Haaren?", überlegt Florian laut. „Spinnen, Ameisen oder ganz viele kleine Käfer? Wieso juckt mein Kopf so fürchterlich?"

Denise weiß inzwischen, was los ist. Sie beruhigt Florian: „Keine Panik, Florian. Du hast nur Läuse."

„Läuse?", ruft Florian erschrocken und es schießen ihm sogar ein paar Tränen in die Augen. „Ich wasche meine Haare doch regelmäßig."

„Das hat damit erstmal nichts zu tun", bemerkt Denise. „Dieses lästige Problem kann jeden treffen", beruhigt sie Florian.

Während Denise das sagt, zieht sie mit den Fingernägeln einige Nissen von Florians Haaren herunter und wischt sie vorsichtig in ein Taschentuch. Florian betrachtet gemeinsam mit der Pädagogin die kleinen glänzenden Perlen.

„Sind das die Läuse?", wundert sich Florian, denn er hatte kleine Tiere erwartet.

„Nein", antwortet Denise. „Das sind die Eier der Läuse. In jedem Ei wächst eine neue Laus heran. Ich kann dir genau sagen, wie das alles funktioniert."

„Läuse sind winzige Tiere, die auf den Köpfen der Menschen leben", beginnt Denise mit der Erklärung. „Sie ernähren sich von deinem Blut."

„Blut?", reißt Florian die Augen auf, denn er denkt gerade daran, wie viel Blut die Läuse auf seinem Kopf wohl schlürfen.

„Nur ganz wenig Blut", lacht Denise, die Florians Gedanken lesen kann. „Damit die Läuse leben können, müssen sie etwas essen. Dazu zwicken sie dir in die Kopfhaut und saugen mit ihrem mikrokleinen Saugrüssel tröpfchenweise Blut aus dir heraus. Danach geben sie ein bisschen von ihrer Spucke in die klitzekleine Wunde, um sie zu verschließen."

„Ist das wie bei Mückenstichen? Juckt genau wegen dieser Spucke mein Kopf so heftig?"

„Genau", bestätigt Denise Florians Vermutung.

Denise weiß noch viel mehr, denn sie hat früher Biologie studiert:

„Läuse sind gerne eine große Familie. Und damit ihre Familie wächst, legen die Mama-Läuse regelmäßig Eier. Wenn die Baby-Läuse nach sechs bis zehn Tagen geschlüpft sind, werden sie im Nu erwachsen und legen selbst wieder ungefähr vier Eier pro Tag. So wohnen irgendwann immer mehr Läuse auf deinem Kopf."

Florian hat versucht, alle Läuse und Eier von einem ganzen Monat nachzuzählen. Aber schon bald raucht ihm der Kopf.

„Haben Läuse auch einen Spieletreff?", fragt Florian.

„Genau", antwortet Denise, „bei den Läusen ist es ungefähr so lebhaft wie bei uns. Nur mit dem Unterschied, dass keine Laus selbst Läuse am Kopf bekommen kann."

„Ach so ist das!", ruft Florian und überlegt, wie viele Läuse gerade auf seinem Kopf Fußball spielen.

Genau jetzt juckt es Florian wieder ganz heftig.

Er kratzt sich und fragt Denise: „Und wie werde ich die vielen Läuse wieder los?"

„Das geht ganz einfach", sagt Denise. „In der Apotheke gibt es ein spezielles Anti-Läuse-Shampoo. Mit dem wäschst du dir deine Haare genau so oft, wie es in der Beschreibung steht. So wirst du zunächst die erwachsenen Läuse los. Anschließend kämmt dir deine Mama oder dein Papa mit einem Spezialkamm die Haare, um auch die klebrigen Nissen zu entfernen. Dieser Nissenkamm hat ganz enge Zinken und ist außerdem gerillt, damit er die winzigen Lauseier auch wirklich erwischt und von den Haaren abzieht. Ob du die gesamte Behandlung nach einiger Zeit wiederholen musst, verrät dir der Beipackzettel", erklärt Denise die Problemlösung.

„Zum Glück gibt es das", ist Florian erleichtert.

Denise lächelt und sagt dann: „Ich rufe jetzt deine Mama an, damit sie dich abholt. Je schneller du die Läuse loswirst, umso besser."

Florian nickt. Er ist zwar etwas traurig, dass er heute nicht mehr gemeinsam mit Erik spielen darf, aber alles ist besser, als weiter das Jucken am Kopf zu haben.

Und oben auf dem Kopf, was ist dort in der Zwischenzeit passiert?

Dort fühlt sich Laurenzia im KUSCHEL-WUSCHEL-MAMPF auf einmal total unwohl.

„Pfui, was riecht denn da so streng? Das mag ich aber gar nicht!", meckert sie grantig. „Wenn's hier so muffelt, will ich nicht mehr länger bleiben. Ich werde sofort meinen Koffer packen und von hier verschwinden!"

Entschlossen pfeffert Laurenzia ihre Siebensachen in den kleinen Lauskoffer.

Und als wäre der strenge Geruch noch nicht genug gewesen, wird es auf dem heimeligen Köpfchen auch noch ungemütlich nass:

„Flutsch", macht es, und prompt ergreift ein gigantischer Wasserschwall Laurenzia und ihre ganze Lausfamilie.

„Huiiiiii!", kreischen Laurenzias Lauskinder noch, bevor sie allesamt im Abfluss verschwinden.

Pfff, das war flott! Nicht einmal Zeit für eine ordentliche Verabschiedung hat es für Laurenzia und ihre Kinder, die Kindeskinder, Nichten, Neffen, Schwestern, Brüder und alle anderen aus der Großfamilie gegeben.

Doch was ist das? Ein Lauskamm nähert sich bedrohlich schnell dem KUSCHEL-WUSCHEL-MAMPF! Gefährlich scharf wie tausend Schwerter streifen die engen Zinken mit ihren Rillen durch die blonden Kinderhaare.

„Piiiiiii piiiiiii piiiiiii!", quäken die halbfertigen Larven aus den Eiern, als sie abgekämmt und in ein Taschentuch gedrückt werden.

Tja, Laurenzia, das war's wohl für dich und die Lausfamilie. Oder?

Wer weiß das bei Läusen schon so genau ...

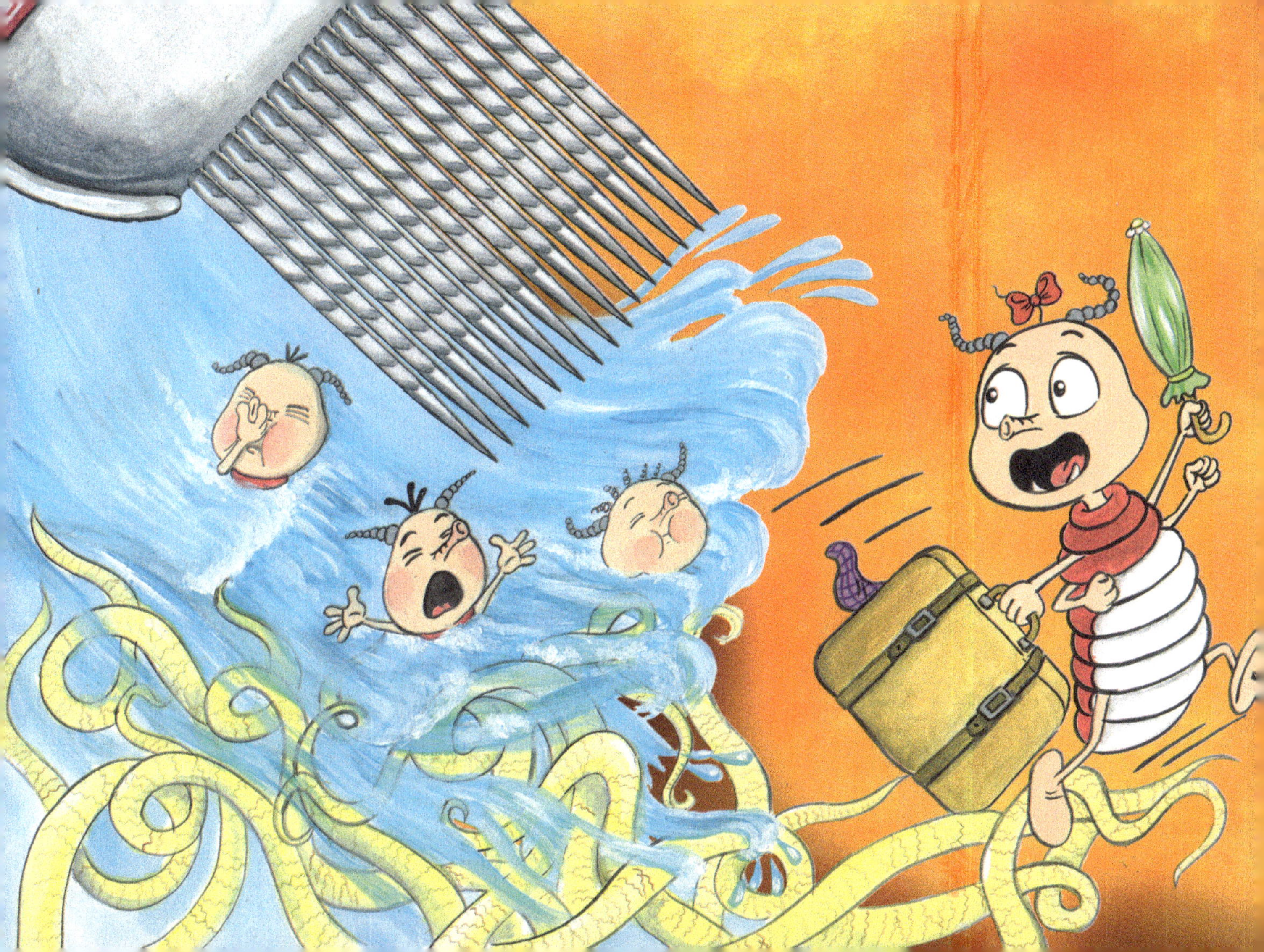

Und wie sieht es weiter unten mit Florian aus?

Er besucht wieder den Spieletreff. Allerdings ohne Laurenzia und ihre Laus-Kolonie. Und damit auch ohne Jucken.

Denn Florians Mama hat nach der Behandlung mit dem silikonhaltigen Lausmittel und dem Haarewaschen mit glitschiger Haarspülung den Nissenkamm mit den gezackten Metallstäben verwendet. Mit dem konnte sie tatsächlich alle klebrigen Laus-Eier entfernen.

„Zum Glück hast du kurze Haare", meinte Florians Mama nach all der Arbeit.

Florian stellt sich vor, wie lange die Laus-Entfernung mit einem Dornröschen-Zopf gedauert hätte, und ihm wird ganz schummrig dabei.

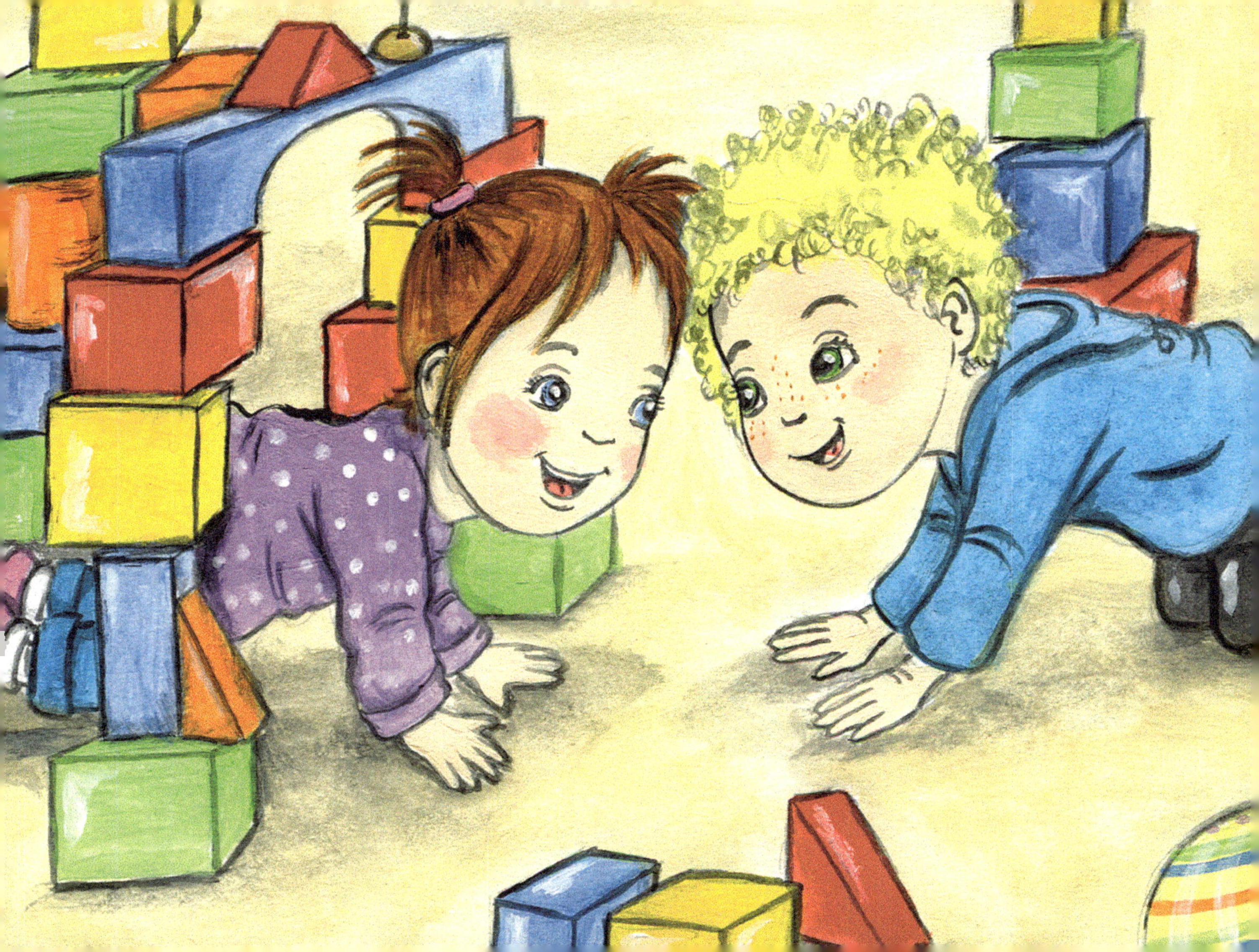

Endlich kann Florian wieder ungestört spielen und mit Marie über den Igel im Garten reden.

„Sollen wir ihm einen Apfel bringen?", möchte Marie wissen.

„Klar, machen wir", flüstert Florian ihr zu.

Und zack ... ist es schon passiert! Als beide Kinder die Köpfe zusammenstecken, krabbelt eine Laus von Maries Kopf auf Florians Kopf.

Es ist Lara, die gestern auf Maries Kopf spazieren gegangen ist, um sich dort ein bisschen umzusehen ...

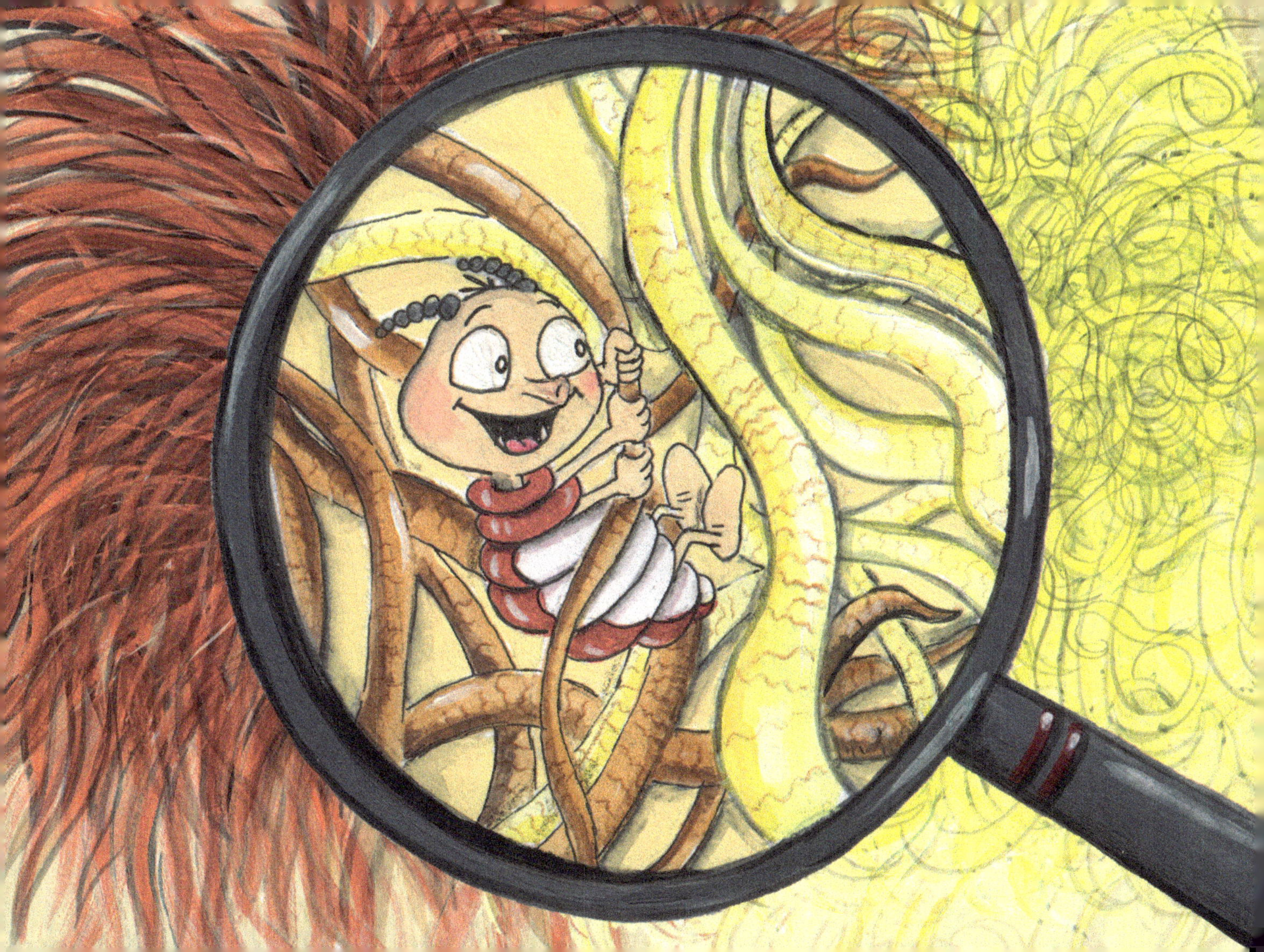

Mitmach-Seiten

Ganz hinten wartet das Spiel „Laus-Alarm" auf dich!

Jetzt wird's bunt und die Laus-Party steigt!

Die folgenden Seiten sind nur für dich. Du kannst alle Fragen durch Umkreisen, Aufschreiben und Zeichnen beantworten und die Bilder bunt ausmalen.

Schnapp dir deine Stifte und Malsachen und leg los!

Male Laurenzia Laus in deinen Lieblingsfarben an.

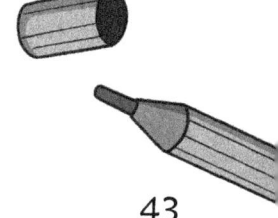

Schärfe deinen Blick und erkenne verschiedene Lausstadien. Schreibe in das jeweilige Bild, wer die Nisse, die Larve und die fertige Laus ist.

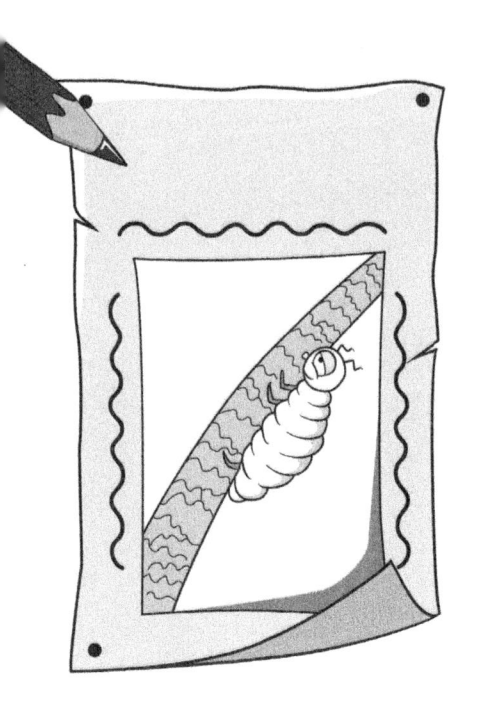

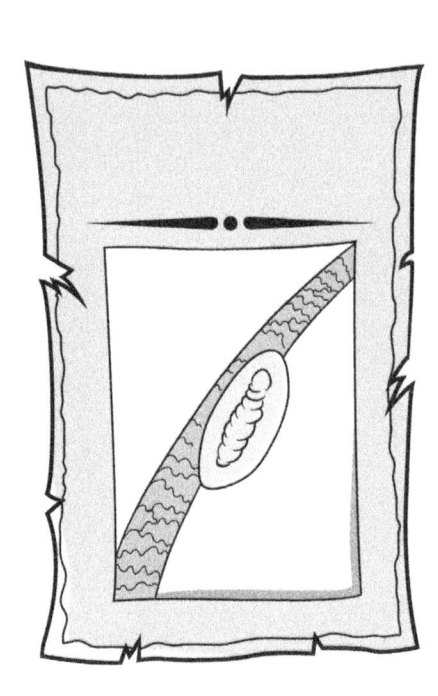

Nun geht es um eine ausgewachsene Laus. Beantworte die folgenden Fragen und setze die richtigen Zahlen ein.

Eine Laus ist so groß wie ein Reiskorn. Messe nach!

Antwort: Eine Laus ist ungefähr _____ mm groß.

Schau dir Laurenzia genau an und setze die richtige Zahl ein:

Eine Laus hat _____ Beine.

Eine weibliche Laus kann mit Hilfe der männlichen Laus Babys bekommen. Rechne nach: Laurenzia legt jeden Tag 4 Eier.

Das sind _____ Eier pro Woche.

Jeden Tag braucht eine Laus ungefähr fünf Mahlzeiten. Wie oft ritzt sie dich in drei Tagen?

Antwort: Sie ritzt mich _____ Mal.

Wenn eine Laus unentdeckt bleibt, kann sie ungefähr vier Wochen alt werden, bevor sie stirbt. Wie viele Wochen bist du schon alt? Nimm den Taschenrechner oder bitte einen Erwachsenen um Hilfe.

Antwort: Ich bin _____ Wochen alt.

Zeichne ein, wie akrobatisch die Läuse im KUSCHEL-WUSCHEL-MAMPF von Kopf zu krabbeln.

Stell dir vor, du wärst eine Kopflaus. Wie würdest du aussehen? Zeichne auch deinen persönlichen KUSCHEL-WUSCHEL-MAMPF dazu.

Wie sehr juckt die Kopfhaut, wenn man Läuse hat? Male die passende Laus bunt an.

48 ein bisschen   ziemlich stark   ganz furchtbar

Was kann man machen, um die Läuse ganz sicher loszuwerden? Male die passenden Bilder bunt an.

Gezackten Nissenkamm verwenden

Haare Föhnen

Kleidung und Bettwäsche bei 60 Grad waschen

Hund streicheln

Läuse-Shampoo gemäß Anleitung einmal oder mehrmals anwenden

Stofftiere und Mützen mehrere Tage in den Tiefkühlschrank geben

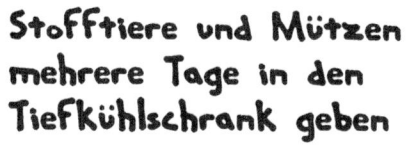

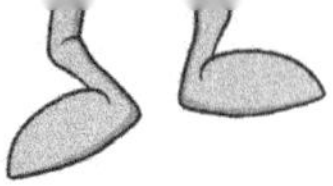

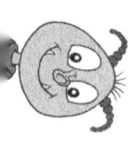

Wer oder was sagt dir, nach wie vielen Tagen man den Kopf nochmal mit einem Läuse-Shampoo waschen sollte, um alle Läuse loszuwerden? Male die richtigen Bilder bunt an.

Postbote

Apothekerin

Polizist

Kinderarzt

Packungsbeilage des Läuse-Shampoos

Waldi

Das Lausproblem kann ziemlich hartnäckig sein. Bei welchen Problemen muss man auch dranbleiben, damit sie verschwinden? Schreibe/Male es auf.

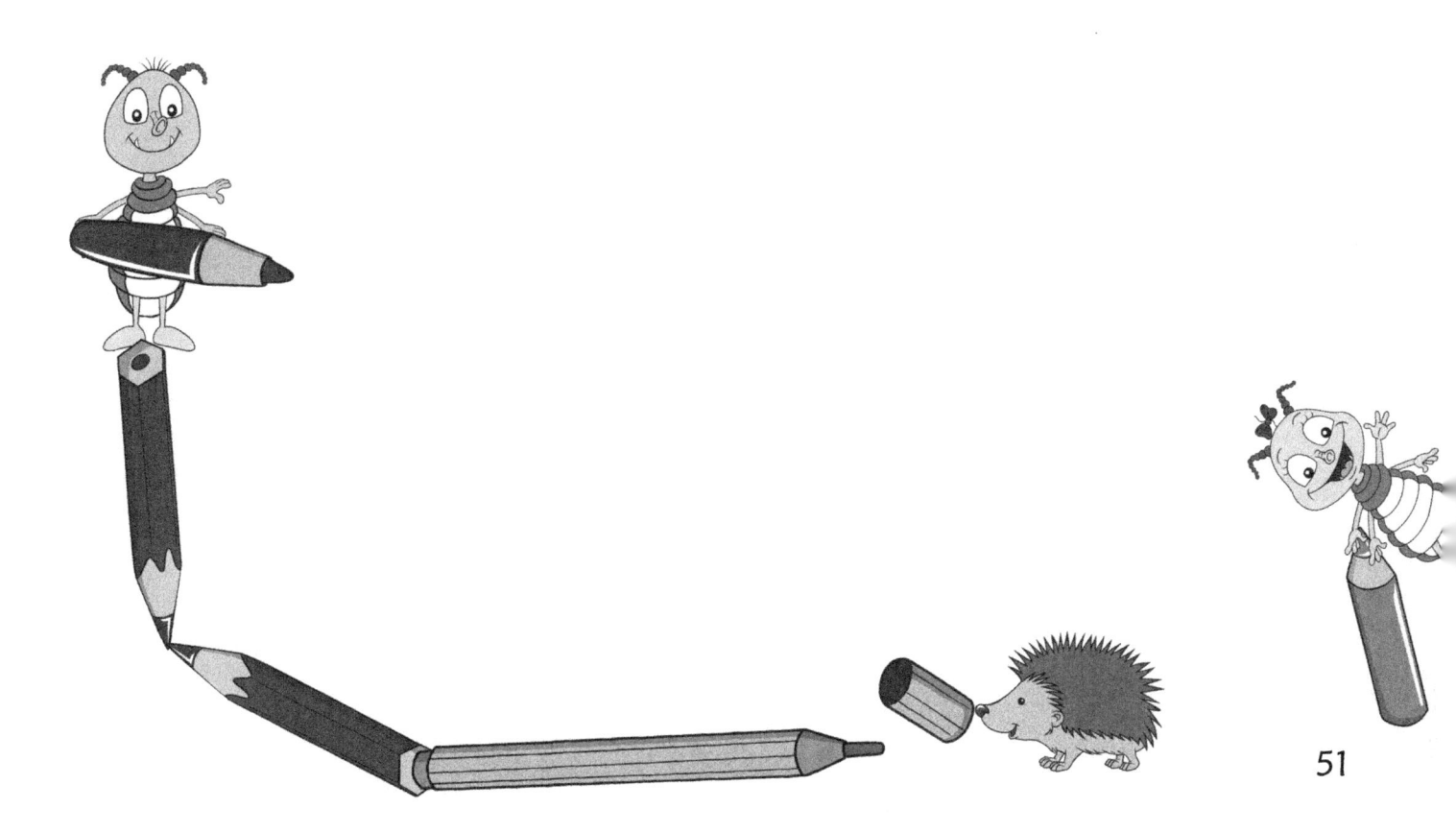

Laus-Alarm: Das Kartenspiel

Mit dem Kartenspiel "Laus-Alarm" holst du die hübschen Läuse aus diesem Buch direkt auf den Tisch. Es gibt insgesamt 18 Spielkarten.

Vorbereitung:

1. Male alle Karten bunt aus. Achte darauf, dass Laurenzia, Lanzelot, Lausemann und Lara jeweils dieselbe Farbe im Zustand Ei, Nisse und Laus haben. Laurenzia ist also zum Beispiel als Ei, Nisse und ausgewachsene Laus immer rot.

2. Schneide alle Karten aus und klebe sie auf Karton auf.

Ziel:

Ziel des Spieles ist, sämtliche drei Stadien einer Laus, also ein Läuse-Trio Kartenset, zu besitzen.

Wer als Erstes ein komplettes Läuse-Trio Kartenset – bestehend aus Nisse, Larve und fertiger Laus – besitzt, muss laut „Laus-Alarm" rufen. Dann ist das Spiel zu Ende und der Gewinner oder die Gewinnerin steht fest.

Wird auf „Laus-Alarm" vergessen, muss ein neues Läuse-Trio Kartenset gesammelt warden.

Spielregeln:

Das Kartenspiel wird von zwei Spieler*innen gespielt. Der/die eine mischt die Karten und legt sie mit der Bildseite nach unten auf einen Stapel. Der/die andere beginnt und hebt eine Karte ab. Es wird abwechselnd gespielt.

Dabei wird immer eine Karte abgehoben. Alle abgehobenen Karten werden so in der Hand gehalten, dass der/die andere sie nicht sehen kann.

Nach dem Abheben darf die abgehobene Karte behalten oder, wenn sie nicht benötigt wird, unten in den Stapel zurückgelegt werden.

Aktionskarten:

Nissenkamm: Einmal aussetzen, Aktionskarte wieder unten in den Stapel legen.

Läuse-Shampoo: Eine Karte dem/der Mitspieler*in abgeben und die Aktionskarte wieder unten in den Stapel legen.

Verliebtes Laus-Paar: Noch eine Karten von oben ziehen, Aktionskarte zurück in den Stapel mischen.

3 x KUSCHEL-WUSCHEL-MAMPF: Wer eine dieser Karte zieht, darf alle Karten des/der anderen sehen und sich eine beliebige Karte davon aussuchen. Aktionskarte anschließend wieder unten in den Stapel legen.

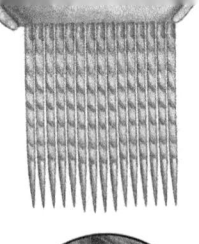

Autorinnen & Illustratorin

Roswitha Schweizer ist Sonderkindergartenpädagogin, Kunsttherapeutin, Volksschullehrerin und Mutter. Momentan arbeitet sie in einer Volksschule in Salzburg Stadt. Während der Arbeit mit Kindern hat sie schon viele Läusefamilien entdeckt und ist dadurch selbst zum Läuse-Profi geworden.

Mag. Sigrun Eder ist Klinische Psychologin und Psychotherapeutin und ermutigt Kinder dazu, mithilfe der SOWAS!-Bücher hartnäckige Probleme loszuwerden. Mit Läusen kennt sie sich aus, denn Familie Laus war auch schon mal bei ihr zu Hause.
sigruneder.com

Heike Georgi ist seit 2004 freie Illustratorin. Den Stift legt sie nur selten aus der Hand. Speziell für dieses Buch hat sie Familie Laus erschaffen. Sie zeichnet hauptsächlich für Kinderbücher und ist offen für neue Taten.
heige-illus.de

Kartenset Nr. 1: Laurenzia

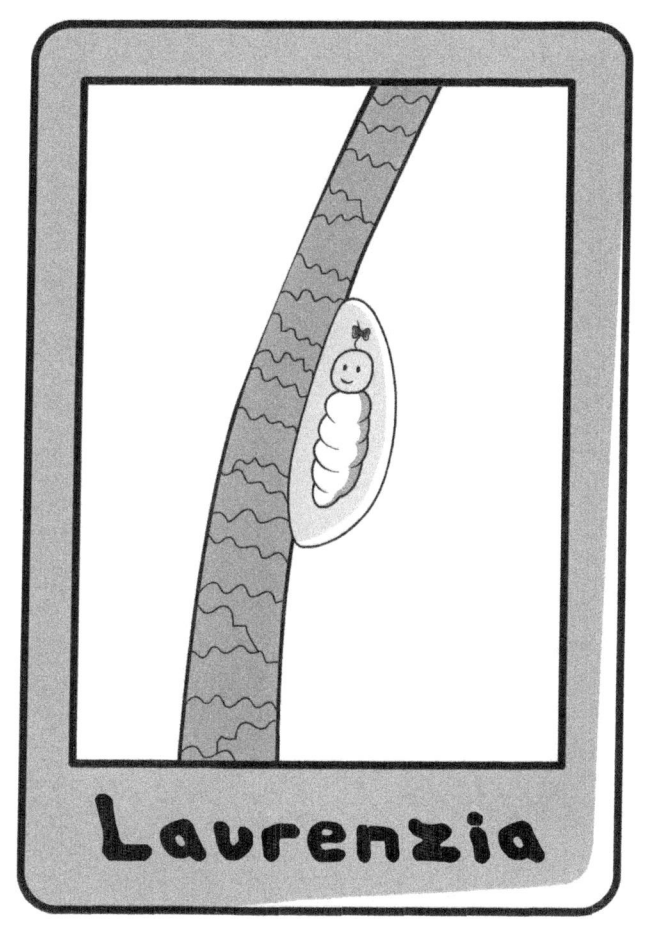

Laurenzia

Laurenzia

Kartenset Nr. 2: Lanzelot

Lanzelot

Lanzelot

Kartenset Nr. 3: Lausemann

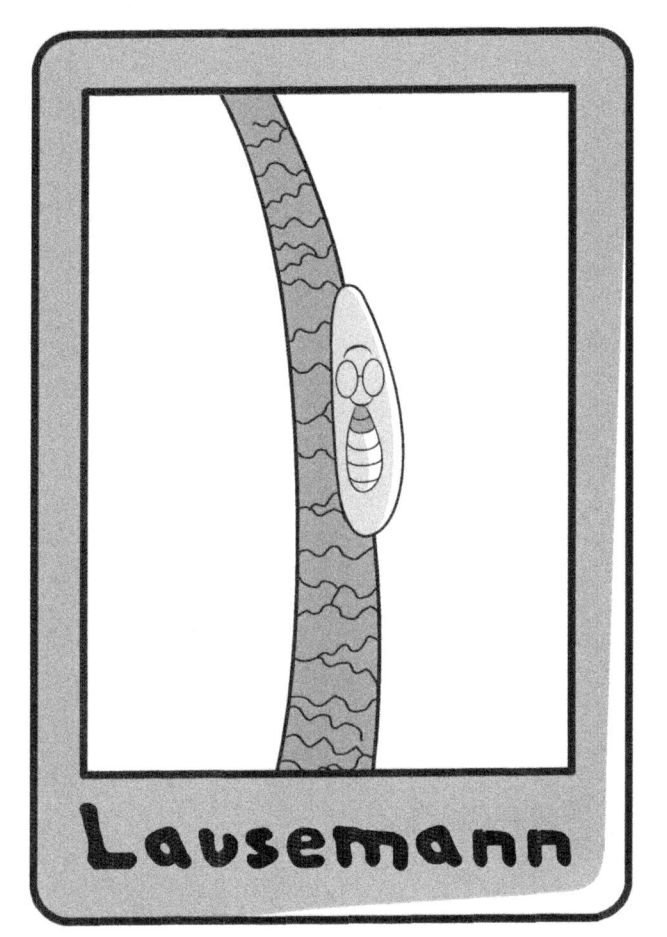

Lausemann

Lausemann

65

Kartenset Nr. 4: Lara

Lara

Lara

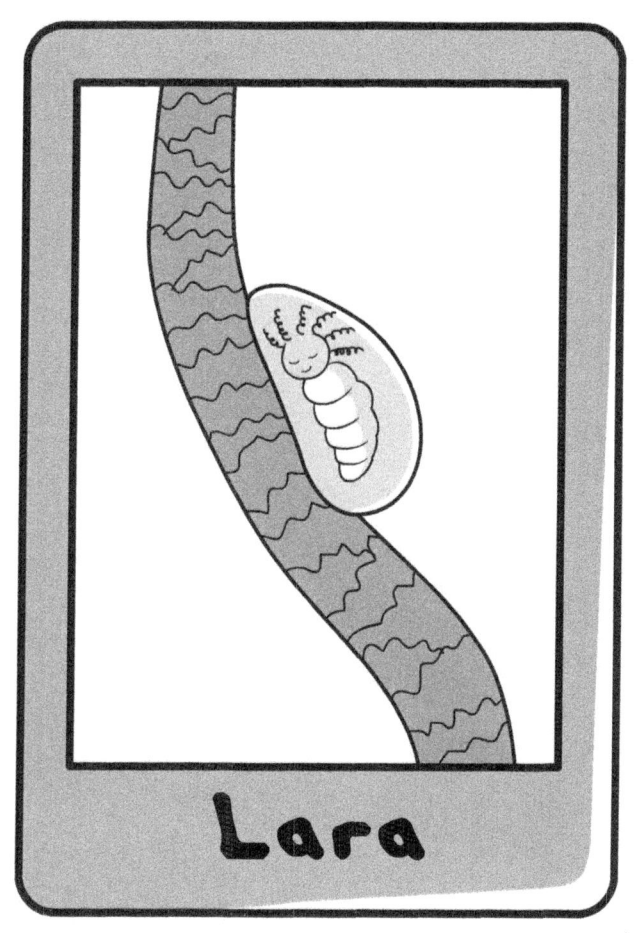

Lara

Einmal aussetzen

Eine Karte abgeben

Noch eine Karte ziehen

Zeig mir deine Karten!

73

Zeig mir deine Karten!   Zeig mir deine Karten!

75

Hanna Grubhofer, Sigrun Eder:

Was brauchst du?
Mit der Giraffensprache und Gewaltfreier Kommunikation Konflikte kindgerecht lösen

Das fröhlich illustrierte Bilder-Erzählbuch unterstützt Kinder dabei, Gefühle und Bedürfnisse zu erkennen, um für jeden eine passende Lösung zu finden. Die Gewaltfreie Kommunikation (GFK) hilft dabei, Konflikte zu lösen.

Zahlreiche Mit-Mach-Seiten zum Malen, Aufschreiben und Reden im Anschluss an die Geschichte befähigen junge LeserInnen dazu, sich selbst und andere besser zu verstehen. Als Bonus-Material gibt es die Tiere und ihre Bedürfnisse zum Ausmalen und Ausschneiden. Auf Karton geklebt können Kinder so ihre eigenen Bedürfniskärtchen basteln und Lösungen für Konflikte finden.

Was brauchst du jetzt?
Mit der Giraffensprache und Gewaltfreier Kommunikation Selbstfürsorge kindgerecht vermitteln

Band 2 des Bestsellers zeigt, wie innere Konflikte mit Hilfe der GFK gelöst werden und Selbstfürsorge kindgerecht vermittelt werden kann.

Was brauchst du im Advent?
Der Familien-Adventskalender in Giraffensprache für Gewaltfreie Kommunikation mit Kindern und Eltern

Zum Ausmalen und Mitmachen für die ganze Familie.

Überall im (Internet-)Buchhandel • Verlag edition riedenburg • editionriedenburg.at

SOWAS-Buch.de

Sigrun Eder, Daniela Molzbichler:

Konrad, der Konfliktlöser
Clever streiten und versöhnen

Konrad mag keinen Streit. Doch seine kleine Schwester Hannah und Mitschülerin Meeta schaffen es mit links, ihn auf die Palme zu bringen. Wodurch sich die Wogen wieder glätten und was Konrad über richtiges Streiten lernt, wird in „Konrad, der Konfliktlöser" vermittelt. Zusätzlich werden Strategien vorgestellt, die das Erkennen, Vorbeugen und Lösen von Konflikten erleichtern. Die Mit-Mach-Seiten laden Kinder ab 8 Jahren dazu ein, ihr persönliches Konfliktverhalten besser wahrzunehmen sowie gezielt zu optimieren.

Mit zwei EXTRA-Heften

für häusliches und externes Streiten und Versöhnen sowie einem Bilder-Erzählbuch für schulische Konfliktlösung.

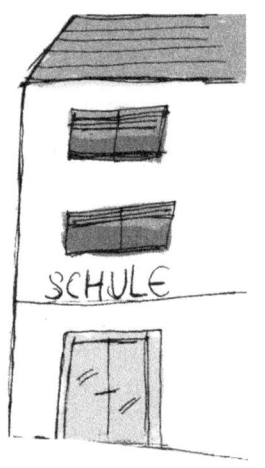

Erzähl' doch einfach Deiner Lieblingsbuchhandlung von uns! • editionriedenburg.at

SOWAS!
SOWAS-Buch.de

Die Original SOWAS!-Titel bewähren sich bereits seit 2008 und enthalten immer einen interaktiven Mitmach-Teil.

- Stark gegen Gewalt
- Willi Wunder
- Herr Kacks und das Pi
- Rosa und das Mut-Mach-Monsterchen
- Genial im Schlaf
- Papa in den Wolken-Bergen
- Annikas Gute-Laune-Buch
- Felix und der Sonnenvogel
- Mama zieht aus
- Abschied von Mama

Wir freuen uns über Deine Buchrezensionen im Internet! • editionriedenburg.at

Weitere Buchempfehlungen des Verlags

Buchreihe „Starke Frauen"
Biographien berühmter Frauen der Geschichte. Ab 8 Jahren, Mit Kreativ-Seiten zur eigenen Gestaltung.

StarkeFrauen-Buch.de

Vom Mädchen zur Frau
Ein märchenhaftes Bilderbuch für alle Mädchen, die ihren Körper neu entdecken

Vom Jungen zum Mann
Ein abenteuerliches Bilderbuch für alle Jungen, die ihren Körper neu entdecken

MIKROMAKRO
Die Buchreihe für Kinder, die alles ganz genau wissen wollen.

Mikromakro-Buch.de

Buchreihe „Rituale für Familien"
Spezielle Themen für Kinder, ihre Familien und Pädagog*innen zum Einsatz daheim, in der Kita, im Kindergarten sowie in Grund-, Haupt- und Förderschulen

Rituale-Buch.de